AF384789

SUITE

DE

PARIS SAUVÉ

PAR L'ADMINISTRATION

DES SUBSISTANCES.

Il est donc trop vrai qu'il a existé, et qu'il existe une conjuration de famine contre Paris. Il est trop vrai que c'est-là le point où s'arrêtent maintenant les meneurs en chef de la contre-révolution, parce qu'ils croient y voir les moyens les plus sûrs de l'opérer. Hé bien, nous, administrateurs des subsistances de Paris; nous, institués par conséquent pour veiller a ce que nos nombreux concitoyens soient nourris, nous sommes donc élevés, par le fait, à la haute gloire d'opérer le salut de la République. . . . Nous le jurons; nous ne nous montrerons pas au-dessous de ces destinées. Nous poursuivrons sans relâche les monstres qui assassinent le peuple; et leurs atroces complots, déjà avortés par la publicité, serviront à leur faire recevoir la récompense qu'ils méritent.

Seconde dénonciation au comité de salut public et d'agriculture de la convention contre le ministre de l'intérieur, par les administrateurs des subsistances : Lettre du 25 juillet, l'an deuxième de la république française

SUITE

DE

PARIS SAUVÉ

PAR L'ADMINISTRATION

DES SUBSISTANCES.

Il n'est rien en ce moment, dont la publicité devienne aussi indispensable, que tout ce qui a rapport aux subsistances, puisque nous avons démontré que c'est par là qu'en dernière résolution, nos ennemis coalisés ont conçu le projet de nous prendre et de nous asservir. Jusqu'à ce que les dernières mesures que notre sollicitude a obtenu que la Convention nationale adoptât, aient produit des résultats suffisamment tranquillisans sur ce suprême objet, nous croyons devoir ne point cesser de tout communiquer au peuple à cet égard, et de

nous entourer de sa force pour braver celle que les
traîtres pourront continuer d'employer. Aujourd'hui
nous avons à lui rendre compte, d'un côté, d'appa-
rences de grands et prochains succès, et de l'autre,
d'efforts nouveaux, manifestés par les membres de
la coalition motrice du plan de famine que nous
avons dénoncé. Nous présentons, sous ces deux
divisions, les preuves à l'appui de chacune d'elles.

DISPOSITIONS QUI DONNENT L'ESPOIR D'UNE PRO-
CHAINE DISPARUTION DE TOUTE INQUIÉTUDE
SUR LES SUBSISTANCES.

Les citoyens députés de la convention nationale
et les citoyens membres de la commune de Paris,
commissaires pour les subsistances en vertu du
décret du 18 de ce mois, nous donnent la garantie
de l'exécution des marchés faits pour l'approvisionnement de Paris dans ce département abondant,
lesquels se montent à plus de 20,000 septiers de grains
et farines ; et ils nous répondent en outre de la livraison de tout ce qui se trouvera ensuite dans le même
ressort, formant l'excédent de la quantité nécessaire à la subsistance des citoyens qui l'habitent.
Voici les pièces qui assurent cette garantie.

Lettre des représentans du peuple, MAURE *et* DUBOUCHET, *commissaires aux subsistances dans les départemens de Seine et Marne et du Loiret, aux maire et administrateurs des subsistances de la commune de Paris.*

Melun, ce 25 juillet 1793, l'an deuxième
de la République française.

LES justes sollicitudes que nous avoit inspiré l'état allarmant de la ville de Paris par rapport à ses subsistances, le desir de remplir avec succès l'objet important de notre mission, ne nous ont pas permis de perdre un seul instant depuis notre arrivée à Melun, et nous allons vous rendre compte du résultat des mesures que nous avons prises conjointement avec les corps administratifs.

Vous trouverez ci-joint un exemplaire de notre réquisitoire, ainsi que de la proclamation que nous avons jugée indispensable de faire et de rendre publics par la voie de l'impression. Vous pourrez connoître par l'inspection de ces pièces, que nous n'avons rien négligé pour rendre au commerce sa liberté, pour rétablir la circulation, enchaîner la cupidité, et déjouer les complots des malveillans et des traîtres.

Les circonstances de la plus riche moisson viendront à l'appui de ces mesures. Il est heureusement impossible que le peuple puisse concevoir aucune crainte sur sa subsistance ; et nous avons lieu de croire qu'il ne mettra aucun obstacle à l'activité des débouchés que nous allons ouvrir, et les fermiers, cultivateurs et propriétaires ne pourront échapper à la rigueur des recensemens forcés. L'arrêté que le directoire du département a pris à ce sujet, est sévère, et nous en surveillerons l'exacte observation.

Nous pensons qu'il est maintenant essentiel que le comité des subsistances de Paris envoie sans délai dans ce district, des agens actifs et intelligens qui, se concertant avec les autorités constituées, pour faire l'extraction la plus prompte des grains et farines mis en réquisition exclusive en faveur de la commune de Paris. Toutes les autorités constituées, tous les bons citoyens ont paru prendre le plus vif intérêt aux besoins urgens des braves Parisiens; ils ont montré de l'empressement à seconder nos vues, et ils ont senti que la justice, l'humanité, la fraternité, s'accordoient en cela avec le grand objet du salut de la république.

Citoyens, redoublons de courage et d'énergie dans ces momens pénibles. Notre situation est alarmante, mais nos ressources sont grandes. La beauté de la saison favorise infiniment les travaux de la moisson; elle est riche et abondante. Cette moisson est bien propre à rassurer sur l'avenir. Nous avons encore des bleds et farines de l'année dernière. L'avidité des fermiers les avoit fait disparoître, et nous pressons les moyens de les rendre à la circulation. Nous allons faire battre les bleds nouveaux; et il est impossible que nous éprouvions les horreurs de la famine, ou même les dangers de la disette, au sein de l'abondance.

Nous écrivons au comité de Salut public, et nous lui rendrons un compte exact de nos opérations; il nous aidera de ses conseils. Nous vous demandons aussi les vôtres. Vos lumières et votre expérience nous seront utiles, et nous les réclamons. Votre estime nous est précieuse, et nous ne cesserons jamais de la mériter.

Nous sommes avec fraternité, les représentans du peuple.

Signés, DUBOUCHET et MAURE aîné.

Post scriptum. Nous partons demain pour Meaux, et nous parcourrons successivement tous les districts de ce département. Nous vous prions de nous faire parvenir l'état nominatif des agens de la commune de Paris, ainsi que des boulangers qui ont contracté des engagemens avec les fermiers, meûniers, etc.

Extrait du registre des délibérations du conseil permanent du département de Seine et Marne.

Séance publique du 23 juillet 1793, l'an deuxième de la République une et indivisible.

LE citoyen Dubouchet, représentant du peuple, et les citoyens Champeaux et Descombes, tous deux députés de la commune de Paris dans le département de Seine et Marne, présens à la séance, y exposent les besoins dans lesquels se trouve aujourd'hui la ville de Paris, qui se voit à la veille de manquer de subsistances, par l'effet des manœuvres en tous genres qu'emploient les ennemis de la république, en arrêtant les grains destinés à l'approvisionnement d'une ville aussi peuplée : ils réclament toute l'attention de l'administration sur les mesures qu'elle peut prendre pour protéger la libre circulation des grains et farines qui doivent être conduits à Paris, d'après les marchés conclus antérieurement à la loi du 4 mai dernier.

Un membre de l'administration du district de Melun, présent à la délibération, déclare qu'un dépôt de grains, fait en contravention aux lois sur les subsistances, a été découvert chez le citoyen Tisserand, cultivateur du canton de Mormant, et que les grains ont été mis en état de réquisition.

Sur cette déclaration, et d'après la demande du représentant du peuple et des membres de la commune de Paris ;

Oui le commissaire faisant les fonctions de procureur :

Le conseil, considérant que, quelle que soit la célérité des mesures prises par l'administration, pour connoître exactement la quantité effective des grains existant actuellement dans toute l'étendue du département, il est néanmoins essentiel de venir au secours des citoyens de la ville de Paris, par des voies plus promptes encore lorsqu'elles s'offrent ;

Considérant que, saisissant avec avidité cette

occasion de contribuer à diminuer les sollicitudes des braves Parisiens sur leurs subsistances, et à-la-fois remplir les devoirs précieux de la fraternité, et frustrer, dans leur coupable espoir, les malveillans, qui veulent frapper la république dans l'endroit le plus sensible, en s'opposant, par des manœuvres obscures, à la réunion solemnelle indiquée au 10 août;

Arrête que, sans préjudice des mesures précédemment adoptées pour procurer aux citoyens de Paris le superflu des grains qui seront jugés nécessaires à la subsistance du département de Seine et Marne, d'après les nouveaux récensemens qui seront faits, un commissaire se transportera chez le citoyen Tisserand, en vertu d'une commission émanée du district de Melun, pour, en présence de deux officiers municipaux appelés à cet effet, enlever la quantité de cent septiers de grains sur ceux mis en réquisition; lesquels cent septiers seront remis aux citoyens Champeaux et Descombes, commissaires de la commune de Paris, qui en donneront décharge.

Les représentans du peuple, envoyés par la convention nationale dans les départemens de Seine et Marne et du Loiret, à leurs conci-toyens.

AU NOM DE LA RÉPUBLIQUE FRANÇAISE.

Citoyens, une conspiration effrayante avoit été formée depuis long-tems dans le sein même de la Convention nationale, et les chefs de cette conspiration liberticide, étoient ces mêmes hommes qui, par leurs lumières, leurs talens, leur influence apparente sur les événemens, leur patriotisme simulé, avoient captivé vos suffrages et usurpé votre confiance : vous les aviez comblés de vos éloges, de vos applaudissemens, de vos faveurs, et ils vous trahissoient : vous les regardiez comme les sauveurs de la patrie, et ils creusoient sous vos pas un abyme de malheurs et de calamités.

Citoyens, ceux qui avoient combiné froidement votre ruine, sont maintenant dans l'heureuse impuissance de vous nuire ; mais apprenez la noirceur et toute la scélératesse de leurs complices. Ils ont désespéré de vous rendre à l'ancienne servitude par la force des armes, ou de vous diviser par la ruse et l'imposture ; ils imaginent des moyens plus atroces. Ils s'efforcent d'opérer une disette factice au milieu même de l'abondance. La défiance s'établit, là où devroit régner la confiance et la sécurité. La circulation est interrompue, le commerce éprouve

des entraves, et les administrateurs sont étonnés
de voir, au sein même de l'abondance et des richesses
réelles, une apparence de pauvreté et de détresse.

Mais c'est principalement, citoyens, contre vos
frères de Paris, que se dirigent les efforts de ces
perfides machinateurs; c'est contre eux que se dé-
ploie la fureur de la haine et la soif du sang et des
vengeances; ce sont eux qu'ils voudraient pousser
aux extrémités du désespoir par les horreurs de la
famine. Ils savent que Paris fut le berceau de la
révolution, et qu'il ne cessera jamais d'être le plus
ferme appui de la liberté et de l'égalité. Le bon
peuple de Paris, n'a jamais demandé que du pain
et des loix, et maintenant qu'il vient d'adopter
avec enthousiasme une Constitution libre et popu-
laire, maintenant qu'il a des loix, ses ennemis cruels
et implacables, veulent lui arracher ses subsistances;
ils veulent lui ravir ce pain qu'il arrose chaque
jour de ses sueurs,........ Non, citoyens, vous
ne le souffrirez pas; vous vous empresserez de par-
tager avec vos frères de Paris, les riches produc-
tions d'un territoire que vos bras ont fertilisé; vous
sentirez qu'il est de votre intérêt de rétablir la liberté
du commerce qui soutient et vivifie l'agriculture;
vous écarterez sur-tout ces craintes ridicules et absur-
des d'une pénurie imaginaire, tandis que vous êtes
entourés des plus riches moissons, dont il vous est
possible de jouir dans le moment même, tandis que
vos voisins, tandis que toute la France présente ce
même tableau de richesse et de prodigalité, pour
parler ainsi, de la nature qui sourit à nos travaux,
et se plaît à adoucir nos souffrances.

Citoyens, vous avez accepté librement la Constitution : he bien ! prouvez-nous que cette acceptation n'a pas été de votre part une vaine et stérile formalité. Nos frères de Paris manquent de subsistances, hâtez-vous de leur en procurer, secondez l'active vigilance de vos magistrats, aidez-leur à découvrir les grains et farines que la cupidité des fermiers et cultivateurs, ou les coupables manœuvres des malveillans et des accapareurs contre-revolutionnaires, ont dérobé au commerce et à la consommation. Depuis deux mois Paris ne reçoit presque rien par la voie du commerce, et son immense population s'alimente sur des magasins qui ne sont point inépuisables. Cette journée mémorable approche, où tous les français vont cimenter, par une réunion fraternelle, l'unité et l'indivisibilité de la République, et où ils confondront, dans des embrassemens mutuels, les sentimens qui feront désormais déterminer leur gloire et leur félicité : mais ce jour va attirer dans l'enceinte de Paris un grand nombre de citoyens, et c'est-là un surcroit de sollicitude pour les magistrats du peuple.

Citoyens, vous enverrez aussi des députés à cette réunion sainte et solemnelle, vous irez peut-être vous-mêmes contempler ce tableau touchant et majestueux de cette alliance républicaine ; hâtez-vous donc de contribuer de tous vos efforts à accroitre la masse des subsistances de cette grande cité. Vos administrateurs sont pénétrés de l'importance de ces mesures, ils ont senti que le salut public étoit attaché à leur exécution prompte, exacte, rapide ; ils ont compris combien seroient dangereux pour eux, pour vous, pour la République entière, les mouvemens que pourroit occasionner dans Paris, des craintes, des alarmes motivées par la pénurie des subsistances, et dont les imperturbables ennemis de la chose publique ne manqueroient pas de tirer le plus dangereux parti.

Citoyens, les représentans du peuple, envoyés par la Convention nationale dans les départemens de Seine et Marne et du Loiret, vous ont fait le tableau des besoins pressans de vos frères de Paris; ils vous ont dit la vérité, ils ont des droits à votre estime et à votre confiance. Venez promptement au secours des braves Parisiens. Ils sont vos concitoyens, vos frères. Ils ont prodigué leur sang pour vous soustraire à la tyrannie. Leurs sacrifices sont incalculables ; leur dévouement, sans bornes, et leur majestueuse et sublime insurrection des 31 mai, 1er. et 2 juin, a sauvé la République. Vous leur devez de la reconnoissance, ils vous demandent du pain, non pas celui qui vous est nécessaire pour votre existence, mais celui qu'il vous est impossible de consommer, en un mot le superflu de vos richesses territoriales, qui, dès-lors qu'elles sont inutiles à votre usage, appartiennent à la république, et doivent servir à alimenter vos concitoyens qui en manquent, sauf une juste et préalable indemnité.

Citoyens, ne perdons pas un moment. Hâtons-nous de voler au secours de nos frères; que nos mesures soient efficaces et rapides, tous les moyens qui concourent au salut public. font justes et légitimes : que penseroit-on de nous si nous nous amusons à délibérer lors qu'il faut agir ? Pressons de tout

notre pouvoir l'envoi des subsistances à Paris; les
alarmes cesseront, la confiance renaîtra, les machi-
nations des traîtres et des conspirateurs seront
déjouées, la patrie sera sauvée, et vous aurez
la douce satisfaction de pouvoir vous dire à vous-
mêmes que vous y avez coopéré.

Signé, M A U R E, aîné.

D U B O U C H E T.

------

*Extrait du registre des délibérations du conseil
permanent du département de Seine et Marne.*

**Séance publique du 25 juillet 1793, l'an second de
la République française, une et indivisible.**

LES citoyens Maure et Dubouchet, représentans
du peuple, députés dans les départemens de Seine
et Marne et du Loiret, par décret de la convention
nationale, du 18 de ce mois, pour conférer avec les
administrations, et prendre toutes les mesures nécessaires pour que les loix des 4 mai dernier, premier et 5 juillet présent mois, relatives à la vente
et à la circulation des grains, reçoivent leur entière
exécution, sont présens à la séance, ainsi que les
citoyens Champeaux et Descombes, commissaires
du conseil-général de la commune de Paris, députés
auprès de l'administration.

Après avoir déposé leurs pouvoirs sur le bureau,

ils font un tableau touchant de la pénurie des subsistances, dans laquelle se trouve aujourd'hui la
ville de Paris, qui se voit à la veille d'éprouver
tous les maux inséparables de la disette, lors de
l'affluence considérable des citoyens que la fédéra-
tion solemnelle du 10 août va réunir dans son sein.

Ils invitent l'administration à les instruire des
ressources que peut offrir le département, et à aviser
aux moyens de procurer à la ville de Paris le surplus des grains qui seront jugés nécessaires à la
consommation des administrés de Seine et Marne,
jusqu'à ce que la moisson, dont les travaux sont
déjà en activité dans beaucoup d'endroits, subvienne
à leurs besoins habituels.

Les commissaires du conseil-général de la commune de Paris, joignent leurs instances à la demande
des représentans du peuple.

Sur quoi délibérant, le conseil du département,
après avoir entendu le commissaire faisant les fonctions de procureur général-syndic, qui a communiqué
les renseignemens qu'il s'étoit procurés successivement de chaque district, a présenté l'apperçu de leurs
ressources et de leurs besoins connus, et a fait part
d'une délibération du district de Meaux, du 18
juillet présent mois, dont les dispositions ont paru
entrer dans les vues de l'assemblée.

Considérant que, dans une république fondée
sur les principes sacrés de l'égalité, des frères ne
peuvent voir leurs frères dans le besoin, sans que
le cri de la justice et de l'humanité ne les porte à
leur procurer les secours qui sont en leur pouvoir;

Considérant que la ville de Paris, tant par sa population, et l'affluence continuelle des citoyens qu'y attire la résidence des premières autorités, que par celle plus considérable qui aura lieu au 10 août prochain, doit fixer plus particulièrement la sollicitude fraternelle des départemens qui l'environnent ;

Considérant que le zèle des administrations à pourvoir à son approvisionnement, doit être tel, que tout concoure à faire entrevoir, dans les craintes inspirées par les malveillans aux Parisiens sur leur subsistance, le projet infâme de porter atteinte à la constitution républicaine, que tous les Français vont jurer solemnellement au 10 août, de chérir plus que leur vie, et de défendre jusqu'à la mort,

Arrête ce qui suit :

ARTICLE PREMIER.

Il sera fait un recensement général et forcé de tous les grains et farines qui existent dans l'étendue du département de Seine et Marne.

II.

Chaque district nommera, à l'instant de la réception du présent, un ou plusieurs commissaires par canton, lesquels se transporteront aussi-tôt dans le canton qui leur aura été désigné, et parcourront les communes, et y dresseront un état exact et fidèle des grains et farines qui se trouveront, tant chez les fermiers, cultivateurs, marchands et meuniers, que chez tous autres particuliers. Ces commissaires

ne se contenteront pas des déclarations qui pourroient leur être faites ; mais feront, par eux-mêmes,
les perquisitions les plus rigoureuses dans tous les
bâtimens, afin de déjouer tout accaparement et de
prévenir toute fraude.

I I I.

Après les confections desdits états, ils interpel-
leront les fermiers et ceux ci-dessus dénommés, de
leur déclarer s'ils ne sont pas aussi propriétaires de
grains et farines existant dans tout autre lieu de
dépôt. Les meûniers seront également interpellés de
déclarer à qui appartiennent les grains et farines
qui se trouveront dans leurs moulins ou autres bâtimens à eux appartenans.

I V.

Les commissaires se feront assister, dans chaque
commune, d'un officier municipal ou membre du
conseil-général, et de tout autre citoyen, dont l'in-
telligence et le zèle pourroient la servir dans leurs
opérations.

V.

Les grains et farines trouvés chez les particuliers
en quantité excédant les besoins d'un mois, seront
mis en réserve pour les approvisionnemens des marchés, dans les lieux qui seront indiqués par les commissaires.

V I.

Seront mis également en réserve, mais avec con-
fiscation, des grains et farines où l'on les déclarations

n'auroient point été faites, ou seroient reconnues inexactes.

V I I.

Lorsque les commissaires auront dressé le tableau des grains et farines existant dans l'arrondissement qu'ils auront parcouru, ils le remettront, sans délai, à l'administration du district, qui s'empressera d'en composer un tableau général qu'elle fera passer de suite au département.

V I I I.

Dans les vingt-quatre heures de la réception desdits états, le surplus des grains qui seront jugés nécessaires à la consommation des administrés, seront mis, par le département, à la disposition de la commune de Paris.

I X.

Les commissaires sont autorisés à requérir, si besoin est, la force armée pour l'exercice des fonctions qui leur sont déléguées.

X.

Les districts sont invités, au nom du salut public, à faire terminer ces opérations dans le délai de huitaine au plus tard, à compter de la réception de la présente, et à employer à cet effet telles mesures qu'ils jugeront convenables.

X I.

Cet arrêté sera imprimé, publié et affiché.

la diligence des commissaires nommés par les districts, dans toutes les communes du département.

X I I.

Le département déclare infâmes, traîtres à la
patrie, et, comme tels, pouvant être arrêtés et livrés
au tribunal révolutionnaire, tous ceux qui, par voies
directes ou indirectes, se refuseroient à l'exécution
du présent arrêté.

---

*Réquisitoire donné au conseil du département de
Seine et Marne, en permanence, le 25 juillet,
par les citoyens* PIERRE DUBOUCHET *et*
NICOLAS MAURE, *aîné, représentans du
peuple, envoyés dans les départemens de Seine
et Marne et du Loiret.*

AU NOM DE LA RÉPUBLIQUE FRAN-
ÇAISE, les représentans du peuple, Pierre Dubouchet et Nicolas Maure aîné, envoyés dans les départemens de Seine, de Marne et du Loiret.

*Aux citoyens composant le conseil général du dé-
partement de Seine et Marne, Salut.*

En vertu des pouvoirs à nous conférés par décret
de la Convention Nationale, le 18 juillet présent
mois, nous vous requérons de faire exécuter, en
leur entier, les traités et marchés faits dans l'étendue
du département de Seine et Marne, tant par l'administration des subsistances, que par les meûniers

et boulangers de la commune de Paris, suivant l'état qui sera déposé à votre secrétariat, de faire exécuter, dans le plus bref délai, votre arrêté du 24 de ce mois, par lequel vous ordonnez un état et recensement exact et forcé des grains de la dernière récolte, qui se trouvent exister dans l'étendue de ce département, afin que ceux nécessaires à la consommation de ses habitans prélevés, le surplus soit mis à la disposition du gouvernement pour les besoins de la ville de Paris;

De prendre toutes les mesures nécessaires pour que les grains qui sont en gerbes, soient battus sans aucun retard, de faire surveiller cette opération, afin qu'elle ne soit différée ni ralentie sous aucuns prétextes;

De faire défenses très-expresses, et sous telles peines qu'il appartiendra, aux cultivateurs, fermiers et propriétaires de grains, de les vendre et livrer à d'autres qu'aux agens et commissionnaires bien reconnus de l'administration des subsistances de Paris, et de prendre toutes les précautions convenables pour constater que ces grains ont été conduits à leur destination.

Nous vous requérons enfin de protéger la livraison et le transport, tant des grains achetés pour la consommation de Paris, que ceux qui pourroient être remis par la suite à sa disposition; de faire exécuter les arrêtés qui seront pris en exécution de la présente réquisition, par tous les moyens que la loi a mis en votre pouvoir, et sous votre responsabilité; de donner connoissance du présent réqui-

sitoire aux autorités qui vous sont subordonnées, et
de le rendre public par la voie de l'impression.

Fait à Melun, le 25 juillet 1793, l'an deuxième
de la république, une et indivisible.

Signé, MAURE aîné et DUBOUCHET.

Pour copie conforme ; *Signé*, MALLET.

EXTRAIT du registre des délibérations du
conseil permanent du département de Seine et
Marne.

*Séance publique du 25 juillet 1793, l'an deuxième
de la république française, une et indivisible.*

Vu le réquisitoire dont copie est ci-desssus,
Le conseil permanent, délibérant sur ledit requi-
sitoire, arrête ce qui suit :

ARTICLE PREMIER.

Aussi-tôt que le dépôt aura été fait au secrétariat
des traités et marchés énoncés au réquisitoire ci-
dessus, le département s'empressera de leur procurer
leur pleine et entière exécution, si les grains dont il
a été traité existent encore dans les départemens
et sont disponibles.

II.

Tous les grains et gerbes seront battus dans le
délai de huitaine ; et, à cet effet, les municipalités,
et, à leur défaut, les commissaires des districts

seront tenus, sur leur responsabilité, de requérir
telles personnes qu'il appartiendra pour ledit bat-
tage. .

I I I.

Tout citoyen qui sera reconnu propre audit bat-
tage, et qui, d'après la réquisition qui lui sera
faite, s'y refuseroit, sera noté d'infamie.

I V.

Les fermiers, cultivateurs et propriétaires de grains
et farines, ne pourront disposer des grains et farines
étant actuellement en leur possession, que sur les
réquisitions qui leur seront faites par leurs administrations respectives, et sous la déduction de l'objet
des réquisitions à eux adressées par les commissaires
du département, et ils tiendront le surplus à la
disposition de la commune de Paris.

V.

Les districts et les municipalités seront tenus,
sous les peines portées par les loix, de protéger la
libre circulation des grains et farines qui seront mis
par les administrations à la disposition, soit du
département, soit de la commune de Paris.

Pour extrait. *Signé,* **MALLET.**

EFFORTS NOUVEAUX,

manifestés par la coalition créatrice et conductrice du plan de famine qui n'est pas entièrement abandonné.

Nous allons mettre en parallèle, avec les preuves de la continuité de cette conjuration, la défense du ministre de l'intérieur à la convention nationale, contre la dénonciation de notre première affiche, *Paris sauvé*, où le ministre s'est reconnu. Le comité, qui est saisi de l'examen de la dénonciation et de la contre-dénonciation, a pu puiser, dans la communication qu'il a déjà eue de ce qui va suivre, de nouvelles lumières.

Je suis (a dit Garat à la séance de la convention du 26 juillet, d'après le rapport de son discours par le Moniteur.) l'objet du placard : Paris sauvé par l'administration des subsistances.

Cet écrit n'a pas exclusivement en vue le ministre ; c'est un exposé général des infractions aux loix sur les subsistances, de la part des autorités constituées ; c'est un compte rendu de la conduite de l'administration des subsistances, qu'elle a cru devoir donner dans le moment de la plus sérieuse crise, dans un moment où tout Paris manifestoit

B

sur l'approche d'une disette réelle, des craintes justes, puisqu'elles étoient fondées sur la certitude de l'interruption totale de tous les passages pour l'arrivée des grains et farines dans une ville dont la consommation est si immense ; et dans un moment où le peuple Parisien tout entier, ne voyant, en matière de subsistances, que les administrateurs de cette partie, faisoit tomber sur eux seuls tout le poids de ses accusations ; et croyoit pouvoir leur imputer entièrement la faute de la pénurie dont on se voyoit à la veille de l'affreux dernier résultat. Les administrateurs ont pensé que c'étoit là le cas de se justifier, de prouver que les maux ressentis ne venoient point d'elle, de prouver au peuple leur constans efforts pour les guérir, et de le tranquiliser, en lui montrant les nouveaux remèdes qu'ils avoient su indiquer et les ressources qui restoient. En parlant de la loi du 4 mai, violée dans toutes ses parties ; en parlant particulièrement des obstacles à la circulation maintenue par cette loi, il a bien fallu parler du ministre qui étoit chargé spécialement de la faire respecter, et qui ne doit pas pouvoir venir dire qu'il n'a point été en son pouvoir de le faire.

C'est un relevé de ma correspondance avec cette administration.

Non. L'écrit contient bien le relevé des lettres adressées par l'administration au ministre, pour lui dénoncer les différentes infractions aux loix sur les subsistances, les différentes arrestations de grains et de farines destinés à l'approvisionnement de Paris ;

mais comme le ministre n'a jamais fait une seule
réponse à ces lettres ; l'écrit placardé ne contient
point sa correspondance. C'est le cas ici d'ajouter
la remarque que Garat, non content de son silence,
n'a pas non plus réprimé une seule des violations
que les administrateurs des subsistances lui ont dé-
noncées, n'a pas levé une seule arrestation, et n'a
pas non plus été dire à la convention qu'il n'avoit
point les moyens suffisans de faire observer la loi ;
conduite qu'il auroit au moins dû tenir, en suppo-
sant dans sa position cette dernière extrémité.

*On y dit que je suis soupçonné d'avoir formé un
plan de famine contre Paris.*

On n'y dit point cela nommément ; on expose seu-
-lement les faits. Il est vrai que dans ces faits on
prouve un plan de famine. Malheur à qui s'y
trouve !

*On y dit qu'on a vainement tenté de réveiller
le ministre de l'intérieur.*

Une lettre du 16 Juin, n°. XIV de l'écrit placardé, le dit effectivement, et CELA EST VRAI.

*Et que je n'ai point été exact dans l'envoi des
décrets. L'état de leur envoi me justifie assez
de l'accusation de l'avoir négligé.*

Les décrets des premier et cinq juillet, qui auroient dû être envoyés par des courriers extraordi-
naires, parce qu'ils étoient de nature à n'en pouvoir
tirer parti que sur-le-champ, n'étoient point arrivés

dans les communes du département de Seine et
Marne, le 12 juillet (lettre N°. XLV de l'écrit
placardé); n'étoient point arrivés à Clayes, Mongé,
Saint-Mard, Nantouillet et Juliers, au 15 du même
mois, (lettre N°. XLVIII) ; n'étoient pas arrivés à
Meaux, le 16, (délibération du conseil général de
cette commune). Garat! on t'a dénoncé tout cela
successivement ; on t'a dit qu'il en résultoit l'annihilation des deux loix ; on t'a rappelé ce que tu devois
bien savoir déja, que cette annihilation portoit à leur
comble les dangers de l'approvisionnement de Paris.
Où sont les mesures que tu as prises sur des avis
aussi importans ? Et, si le retard de l'envoi des décrets venoit de la faute des administrations dépar-
tementales, où est la dénonciation que tu ne pou-
vois sans crime te dispenser d'en faire à la Convention ?

*Quant à la circulation des grains, on sait
que jamais je n'ai manqué d'envoyer des commissaires dans les lieux où elle étoit arrêtée ;
j'en atteste la véracité et l'intégrité de Pache.*

Nous répondrons à cette argumentation pleine
d'assurance et sur laquelle repose l'*intéressant* de
notre sujet, par la copie entière d'une lettre que
nous avons cru devoir adresser, le 25 juillet, aux
comités d'Agriculture et de Salut public de la Convention.

« Quel commentaire, citoyens législateurs, n'avons-
nous point à faire sur les deux pièces que nous vous
joignons ici ! Permettront-elles aux plus incrédules

de douter encore de l'existence du complot dont nous vous avons fait la dénonciation, que nous venons de publier par affiche imprimée, et de laquelle nous vous adressons aussi un exemplaire? Procédons par ordre dans l'examen de ce majeur objet, et voyons à quel point la perfidie s'y trouve caractérisée, à quel point on joue les loix, à quel point on a absolument résolu de réduire, par la faim, les nombreux habitans de Paris.

Vous verrez par la délibération du conseil général de la commune de Meaux, que, fondés sur les décrets des premier et cinq de ce mois, dont l'un, dérogeant à celle des dispositions de la loi du 4 mai, en ce qu'elle défend d'acheter des grains et farines ailleurs que sur les marchés, *nous autorise*, à l'instar des administrations de districts, *à faire acheter dans les lieux où les subsistances sont abondantes*, et l'autre *défend d'apporter aucun obstacle au passage et transport de ces subsistances.* Nous avons transmis le droit que ces décrets nous confèrent à plusieurs boulangers de Paris, en leur délivrant des commissions pour acheter où ils trouveroient à le faire; qu'en conséquence de ces commissions, quelques-uns d'eux ont fait des achats à Meaux; que l'exécution de ces achats a aussi-tôt rencontré des oppositions de la part de la municipalité de Meaux; que cet obstacle, rapporté à notre administration, l'a mise dans le cas de réclamer, en faveur du respect de la loi, tous les moyens confiés au conseil exécutif; que tout ce qu'a fait le ministre de l'intérieur, a été d'adresser une invitation à la municipalité de Meaux, pour l'engager à vouloir

bien respecter ces deux loix, *nonobstant*, a-t-il la
naïveté de le confesser, *qu'elles n'ayent été officiel-
lement reçues*; que le conseil général de la commune
de Meaux prend là-dessus le parti de raisonner
longuement, pour prouver qu'il ne doit point obéir
à ces mêmes loix; que, sur la conclusion qu'il en
prend, et la connoissance qu'il a la confiance d'en
transmettre au ministre de l'intérieur, celui-ci a
la complaisance de trouver leurs raisons convain-
cantes et irréfutables, de reconnoître avec eux
par conséquent que ces loix ne sont pas exécuta-
bles, d'autoriser, par le fait, les administrations à
raisonner sur les loix, à les commenter, à examiner
si elles doivent ou non s'y soumettre. C'est par le sys-
tème habituel de tolérance de cet abus, sinon pro-
tégé, du moins souffert par le ministre de l'intérieur,
que toutes les administrations, depuis les directoires
des départemens jusqu'aux plus petites municipalités, ont adopté le funeste usage de prendre des
délibérations sur chaque loi, de feindre de les trouver
obscures pour avoir le prétexte de les expliquer, et,
qu'en les expliquant, on se permet de les modifier,
d'en adopter ce qu'on veut, de les éluder même
tout-à-fait. Les registres des directoires et des administrations municipales deviennent le code exclusif
de chaque ressort. Qu'on laisse faire, bien-tôt chaque
petit territoire va avoir des loix locales, et leur con-
tradiction offrira la bigarrure des mille et une cou-
tumes de l'ex-régime.

« Citoyens législateurs, nous venons de l'imprimer

tion de famine contre cette cité immortelle; il est trop vrai que c'est-là le point où s'arrêtent maintenant les meneurs en chef de la contre-révolution, parce qu'ils croient y voir les moyens les plus sûrs de l'opérer. Eh bien! nous, administrateurs des subsistances de Paris, nous, instancés par conséquent pour veiller à ce que nos nombreux concitoyens soient nourris; nous sommes donc élevés par le fait à la position de dotter seuls contre ces organisateurs de plans de famine? Nous sommes donc appellés à la haute gloire d'opérer le salut de la république? Nous le jurons, nous ne nous montrerons pas au-dessous de ces destinées. Nous poursuivrons, sans relâche, les monstres qui assassinent le peuple; et leurs atroces complots, déjà avortés par la publicité, serviront à leur faire recevoir la récompense qui leur est due.

Le ministre de l'intérieur se démasque entièrement ici. Il reçoit pour argent comptant de mensonge dérisoire des municipaux de Meaux, qui osent affirmer qu'ils craignent de mourir de faim, et cela, à la veille de la plus brillante récolte; et à côté de la certitude généralement acquise, que c'est dans ce pays où il existe le plus grand superflu des subsistances de l'année dernière. Et au lieu [...]

qui ont un excédent ; au lieu de leur rappeler
que raisonner sur la loi et la commenter pour
éluder d'y obéir, c'est le plus grand des crimes ;
au lieu enfin d'employer les moyens de force les
plus actifs contre une pareille rébellion ouverte,
contre la loi et ses organes. . . . . le
ministre non-seulement se tait, laisse prévariquer
les coupables tout à leur aise, mais nous renvoie
dérisoirement cette affaire, à nous qui n'avons ni
les moyens ni la charge de faire exécuter les loix ;
et pour comble du renversement de toutes les règles,
il applaudit explicitement aux motifs criminels et
à peine spécieux des municipaux de la ville de
Meaux. » Vous verrez, dit-il, que les difficultés
» qu'éprouvent les approvisionnemens de grains
» pour Paris, naissent, suivant la déclaration de
» cette municipalité, de la disette absolue de sub-
» sistances où se trouve cette ville même, et qui
» la met dans l'impossibilité d'assurer à chaque
» citoyen son indispensable consommation ».
Le ministre de l'intérieur, pouvoit-il tenir un pareil
langage ? L'article XIV de la loi du 4 mai l'autorise
à faire des réquisitions impératives pour faire trans-
porter, dans les parties de la république qui ont
trop, leur excédent dans celles qui n'ont point assez.
D'après cela, il ne devoit point recevoir l'excuse de
la municipalité de Meaux, pour l'autoriser dans son
refus d'obéir à la loi du 1er juillet, qui donne le droit
à l'administration des subsistances de Paris, d'acheter par-tout directement chez les propriétaires de
grains et de farines. Il devoit dire à cette municipalité : Soumettez-vous aux loix, consultez les

bien, rapprochez-les; vous verrez qu'elles ne veulent pas que vous souffriez. Vous ne pouvez pas, d'après celle du premier juillet, empêcher les administrateurs de la commune de Paris de faire acheter des subsistances dans la vôtre; mais s'il est vrai que vous fussiez exposés à manquer, d'après la loi du 4 mai, je serois obligé de tirer d'ailleurs pour vous fournir. Ce qu'il écrit en place de cela, et que nous venons de rapporter, est bien différent! Cette phrase étonnante : *Vous verrez que les difficultés qu'éprouvent*, etc., n'est-elle pas directement équivalente à celle-ci?

Mourez de faim, Parisiens: ces gens-là ont raison de se révolter contre toutes ces loix en votre faveur; ils vous allèguent un prétexte absurde, de toute absurdité: n'importe, il doit vous suffire. Vous devez croire ce qu'on vous dit, que la ci-devant Brie, un des plus abondans greniers de la France, et au moment de la plus brillante récolte, est cependant exposée à périr de disette... On vous le dit, c'est à vous de vous résigner, de le croire, et de jeûner.

Le comité de salut public ne peut s'attacher à rien de plus intéressant qu'à examiner le présent avis, et nous attendons bien qu'il en fera promptement l'objet de la plus sérieuse méditation.

Aussitôt que j'ai reçu la lettre que Garin m'écrivit le 16 de ce mois, par laquelle il m'adressoit des reproches sur mon administration relativement aux subsistances, je pris adresse au maire de Paris, pour me procurer une con-

férence avec Garin ; mais le maire et Garin se rendirent chez moi.

Cette lettre est celle imprimée sous le n°. 48, dans la nomenclature des pièces analysées dans le premier écrit, *Paris sauvé.* On a vu avec quelle énergie de style elle étoit écrite, et qu'elle avoit pour objet de traiter le ministre comme il le mérite, pour son apathie de laquelle étoit résulté, pour Paris, d'être à la veille de la disette. Le rendez-vous concerté entre le maire de Paris et le ministre, a paru avoir pour fins de déterminer Garin à ne pas donner de suite à une poursuite aussi sérieuse que celle commencée contre Garat. Mais Garin manifesta qu'il ne connoissoit que le bien de son pays, qu'il voyoit Paris à deux doigts de la famine ; qu'il avoit fait son devoir, et qu'il ne pouvoit se dispenser de montrer ceux qui ne l'avoient point fait ; qu'il étoit républicain trop prononcé pour être capable d'entrer dans aucune composition avec ceux-ci. Il ajoute ici, qu'il n'est pas vrai, comme on l'a voulu insinuer, pour donner le change sur cette sérieuse affaire, et pour faire échapper le ministre au jugement sévère de ses concitoyens, qu'il n'est pas vrai que lui Garin ait jamais eu de démêlés particuliers avec Garat, et que cette grande querelle ait eu sa source dans des inimitiés personnelles.

Garin, loin de vouloir sa lettre, paroît se repentir d'une [illegible] de cette [illegible] et me donner satisfaction.

Un ami de la patrie ne se repent jamais d'avoir fait ce qu'il a dû faire ; et quand il sait s'être bien conduit, il ne peut se montrer disposé à donner des satisfactions à ceux dont les écarts ont reçu une atteinte de sa franchise et de son zèle.

Il fut frappé de terreur de la menace que je lui fis de le dénoncer à la convention.

Je réponds ici, moi, Garin : En effet, on eut la confiance de croire parvenir à m'intimider par cette manœuvre ; mais, au lieu d'être frappé de terreur, je dis à Garat : Je ne m'oppose pas à ce que vous me dénonciez à la convention, je suis tout prêt, et j'ai tout pour me défendre. J'insinuai le désir, et j'eusse voulu que nous y allassions ensemble ; j'y eusse porté une foule de pièces qui auroient déposé contre le ministre et pour moi. Cet arrangement n'entra point dans l'esprit de Garat. Il alla à la convention, *mais seul.*

Garin me dit même que, surchargé d'occupations importantes, il ne lisoit point la plupart des lettres qu'il signoit.

J'ai dit : Je n'avois point entièrement lu, en la signant, la lettre dont vous vous plaignez ; mais j'avois ordonné de vous écrire sur le ton dont vous l'avez vue, et quand je repassai plus attentivement cette lettre, j'y donnai une pleine approbation, comme rendant précisément ce que j'avois voulu vous dire.

Le maire, qui tenoit celle qu'il m'avoit adressée la déchira, et je crus que tout étoit terminé.

Le maire mit la lettre dans sa poche, mais mes rigoureux principes m'avoient point dû m'en faire conclure que tout étoit terminé. Républicainement nous ne connoissons pas, nous autres, de portée de semblables transactions.

Mais c'est après cette explication que Garin a fait imprimer cette même lettre dans un placard.

Certainemen`. J'ai cru, et mon collègue avec moi, qu'il restoit toujours constant qu'il existoit une conjuration de famine pour perdre Paris, et par contre-coup la République entière ; et que des fonctionnaires, placés où nous étions, se rendroient aussi coupables que leurs fauteurs, s'ils ne la faisoient point échouer en la dévoilant.

Dont l'objet est de soulever le peuple contre le ministre.

Dont l'objet est seulement ce que nous venons de dire.

Il se vante d'avoir sauvé Paris ; mais ce n'est pas à lui ; c'est à la Convention nationale à qui l'on doit le salut de cette ville.

Sans doute c'est la Convention nationale qui sauve cette ville par le décret du 18 juillet ; qui envoie dans les départemens des commissaires revêtus de pouvoirs illimités, pour assurer l'envoi des subsistances à Paris, contre les obstacles apportés à leur transport, sans opposition de la part du pouvoir exécutif. Mais cette grande mesure a été prise sur la démonstration par nous produite de son urgente nécessité, et dans ces circonstances, nous avons cru pouvoir élever quelques prétentions à la gloire d'avoir au moins contribué au salut de Paris.

Je dépose sur le bureau les pièces qui attestent mes soins constans pour l'approvisionnement.

Si Garat eût sincèrement donné des soins constans à l'approvisionnement, jamais, malgré toutes les intrigues des malveillans, aucun coin de la république n'eût apperçu même l'ombre de la disette.

et il n'eût pas fallu consacrer tout au moins la connoissance acquise de l'incapacité de ce ministre
d'exercer le grand pouvoir qui lui est confié ; car
ce. sont précisément ses fonctions que les commissaires de la Convention sont allés exercer dans les
départemens, pour approvisionner Paris ; et, à
cet égard, ils sont ses suppléans, et il n'y a plus de
ministre de l'intérieur pour ces départemens là.
Mais il faut examiner ici les grands et excellens
moyens qui ont été négligés.

L'article XIV de la loi du quatre mai prescri-
voit au ministre de l'intérieur *d'adresser aux départemens dans lesquels il existait un excédent de
subsistances, les réquisitions nécessaires pour approvisionner ceux qui se trouvent n'en avoir point
une quantité suffisante.* Cette mesure étoit la seule
efficace ; si elle eût été parfaitement remplie, la disette ne pouvoit plus se faire sentir nulle part. Il
n'étoit pas difficile d'en atteindre le but ; et c'est
dans le défaut d'avoir travaillé avec tout le zèle
nécessaire pour y arriver, qu'il faut saisir le point
originel du crime capital par les effets duquel nous
avons failli d'éprouver la plus déplorable pénurie.
Approvisionner les départemens qui n'ont point assez
de subsistances, de ce qui leur manque pris dans les
départemens qui en ont trop, c'est une opération
qui suppose deux connoissances préalablement ac-
quises ..., l'une, de la quantité de bled contenue
dans chaque département ; l'autre ..., de la quantité
nécessaire à la consommation des habitans qu'ils ren-
ferment chacun. — Qui a donc empêché d'acquérir
cette double connoissance ? Pourquoi le ministre à
qui la loi ordonnoit (car qui veut la fin, veut les
moyens) de presser et d'assurer l'exécution des opérations qui dévoient la procurer, est-il demeuré
tranquille et inerte ? On apperçoit que cela eut été
qu'un simple calcul arithmétique. En faisant aussi-
tôt après, dans les départemens possesseurs d'excé-
dens, les réquisitions à chaque commune de tenir
prête à céder, au prix du *maximum*, la quantité
excédente celle nécessaire à la consommation de ses

habitans jusqu'à la récolte, et en rendant chaque municipalité garante de la conservation de cette dernière quantité, ne fût-on point parvenu à déjouer toutes les intrigues ? à ne plus laisser de faux-fuyans à la malveillance et à l'accaparement ? à assurer l'approvisionnement général, et à réprimer, d'une manière insurmontable, la cupidité du propriétaire, en le réduisant à l'impossible d'éluder le *maximum* ?

Je conjure la convention, conclut Garat, *de prendre la plus exacte connoissance de ma conduite et de celle de mon dénonciateur.*

Le comité d'Agriculture, chargé de faire un rapport sur toute cette importante affaire, a, dans les pièces qui ont été produites par l'administration des subsistances, bien complètement tout ce qu'il lui faut pour se procurer cette connoissance exacte.

Signés, GARNI et DEFAVANNE, *administrateurs des subsistances de la Commune de Paris.*

10 août, l'an deuxième de la République française, une et indivisible.

De l'Imprimerie patriotique et républicaine, rue S. Honoré, n° 355, vis-à-vis l'Assomption.